JN440753

노을의 슬픈 기억

이원문
제38집

노을의 슬픈 기억

이원문 지음

책나무

| 차례 |

제2부

제1부

엄마의 사랑

찾아가는 것인지
따라가는 것인지
보따리 속 운명
알 수가 없었다

보는 눈 많아
숨어야 하고
들고 온 것 없이
숨겨야 하나

아직 남은 꽃잎
이슬에 젖고
벗어난 양시
석양 그늘 들어온다

외로운 냇가

살며시 떠오르는
잊혀진 얼굴
감추고 잃어도
다시 떠오른다
늦겨울 냇가길
어디까지 왔나

바람 불어 돌아보면
징검다리 삐뚤고
여민 옷깃 옛날을 찾는다
그해의 봄 돌아오면
다시 찾아 걸을까
홑 가지 버드나무
이 마음 젓는다

슬픈 운명

나는 나는
가진 것이 없다네
쥔 것도 없고
들은 것도 없다네
짊어진 건 운명이고
쥔 것은 땀뿐인데

누가 나를
겉 보고 있다 할까
있어도 내 것인가
산목숨 부지하려
진땀 쥔 것이고
못 내린 짐은
남은 며칠의 것이라네

뜬눈에 보았고
귀 얇아 담은 소리
이것도 저것도
강물에 띄우고
나 빈손으로
꽃가마에 오르려네

제비의 고향

홍부 형제 떠난 고향
집 기울어 쓰러지고
무너진 돌담 밖
옛 방초 돋아난다

짝지어 찾은 고향
어디에 둥지 틀까

냇가에 버드나무
보리밭 없어지고
하늘 높이 구름만
뒷동산을 넘는다

친구의 설

친구야
니네 떡 했어
엿도 고았고
뻥튀기는

우리는
벌레 먹은 콩으로
뻥튀기만 튀겼어
떡은 쌀이 없데

그러고
우리 할머니가 그러는데
우리 엄마 외갓집 갔다
안 온다 했어

기다림의 봄

밥풀떼기 매화꽃
장독대에 피고
보리밭 하늘 높이
종달새 울겠지

그다음 진달래
울 밑 개나리
냇가에 미나리
보리 밭둑 달래 냉이

꽃 따러 산에 갈까
나물 찾아 들로 갈까
굴뚝 뒤 바구니
오는 봄 기다린다

파도의 고향

나 어릴 적 바다는
그지 그랬었는데
떠난 고향 찾아오니
옛길부터 새롭다

저 멀리 아득한 섬
휩쓸린 모래 뭍
조개 줍던 바위 아래
밀려온 나무때기

손 적시며 씻던 파도
얼마를 다녀갔나
해당화 모래성 모두 감추고
나머지 흔적은 그대로 두었다

달

뜨락에서 부르는
살짝이 초승달
그림자 불러주는
머리 위의 반달

달 속에 들어있는
기쁨과 슬픔들
달은 언제나
이 마음을 읽었다

계수나무 한 그루에
걸쳐 있는 옛날인가
기억의 그 날까지
추억으로 데려간다

친구의 봄

친구야
먼 훗날이 된 오는 봄이
너와 나의 그리움으로 남겨야 했던 봄이 되는구나
세월이 무엇인지도 모르고 자랐던 너와 나
이제 그 세월을 읽을 줄 알고
넘어온 보릿고개의 고통도 알게 되었지
하나하나 새록새록 떠오르는 기억들

봇물에 돌 던져 송사리 떼 몰고
종다리 알 주워 어떻게 했지
애타게 내려 보며 짖던 종달새
그 종달새 아직도 미워하지나 않는지
그것뿐이겠니 놀려 주었던 바보 아저씨는 어떻고
다 가버린 날의 보리밭 언덕에
지금도 아이들 노랫소리 들리는구나

친구의 하늘

친구야
어디에서 어떻게 살고 있는지
전해 들은 이야기로는……

친구야
나는 너의 마음을 알 수 있어
무엇이든 다 이해 할 수 있고

친구야
너의 공부 꼴찌는 꼴찌가 아니라
일등보다 나은 삶으로 가는 입문이었지

친구야
가난의 너에게 돌 던지고 침 뱉은 아이들
아직도 착한 너를 짓밟고 있을까

친구야
보릿고개에 책보자기 놓고 너와 내가 울던 날
누더기에 부스럼의 너 올려본 하늘 색깔이 어떻다 했지

친구야
이제 다 잊어 그 돌과 침 세월이 거둬 너와 나를 미안하게 만들었어

담아두면 뭐 하겠니 가슴만 아프지

친구야
네 눈 감았다면 아니 감는다면
그 보릿고개 다시 찾아 책보자기 둘러메고 하늘 한번 다시 보자

외양간의 일기

누렁아 너
정월 보름 지나면
우시장으로 가야 한데
네 좋아하는 콩깍지도 얼마 없고
죽에 넣었던 콩도 떨어졌데
어떻게 하지
이제 헤어지는 거야
나 공부시켜주었던 너였는데
그동안 너에게 짜증냈던 것 미안해

놓쳐 붙잡으러 뛰어다녔으니
얼마나 속상했겠니
이웃 농사 다 망쳐놓고
들로 냇가로 너 풀 뜯기러 다녔던 나
꼴짐 지고 너 놓치며 소나기 맞던 기억 안 잊어져
누렁아 어디에 가더라도 나 기억해줄 수 있지
정월 석양이 여름 석양인 듯
외양간 틈새로 저녁 햇빛 스치는구나

친구의 정월

친구야

잃은 달 속의 너

네가 그리워 다시 찾는다

그리워 찾아보는 달 속의 너

그 모습 아직 변치 않았겠지

이리 바라보면 보리밭이 보이고

저리 바라보면 냇가가 보이는데

너는 어디에 숨었는지 보이지 않아

놀던 그 자리에 클로버도 찾았건만

너는 없어

모정(母情)의 정월

그믐 까치 울음에 아이들이 보고 싶고
초하루 아침나절
누가 오나 기다려지는구나
이것들이 어떻게 잘하고 잘 사는지
큰아이나 작은 것이나
부족하게 키웠는데

어디 아픈 데나 없는지
큰 아이 병은 에미가 더 잘 아는데
그믐에 짖던 까치 초하룻날 다르구나
이것들이 오늘 에미 찾아오려나
먼발치에 지켜보는 언덕 아래 정거장
해 기울어 넘어가도 보이지 않는구나

타향의 설

그 많은 사람 다 어디 갔나
잘살아 보겠다고
야밤에 떠난 고향
때만 되면 그립고
그리움에 그려지는구나

거리마다 썰렁하니
이집 저집 문 닫히고
술집도 문 닫아 갈 곳이 없다
어제 떠난 사람들이
다 그 사람들이었나

타향의 설 고향만 못하구나
겨우 찾은 국밥집에
술 한잔시켜놓고
다짐의 다짐으로
눈물 콧물 흘려본다

열나흘

열나흘 섣달 보름달도 밝다
평생을 자라며 올려본 달인데
보름 전 오늘 새롭게 보인다
어릴 적엔 그저 계수나무만 보았고
이제 세월을 아는지 다른 것도 보인다
못 보았던 이 마음도 달 속에 들어 있고
옛날과 앞날도 함께 들어 있다
비춰 본 것도 아니고 넣은 것도 아니다
조용히 바라보는 보름 전 열나흘 달
계수나무에 걸친 것은 살아온 인생이고
토끼의 절구는 살아갈 인생인가
소원이 있다면 어느 것을 빌어볼까
하루 전 열나흘 달 구름이 가린다

인연의 밤

이슬에 젖는 밤

밤에 피는 꽃은

이슬에 젖어야 하나요

구름이 가린 달

구름 속 달빛도

흠뻑 젖었다

고향 가는 길

선물 꾸러미에 무엇이 들어 있나
안 입어본 한복 조심스럽고
치맛자락 여미니 꽃봉오리 같다
몇 번을 본 거울 속의 내 모습
마지막 머리 손질
누가 나를 안 예쁘다 할까

고향에 동생들
이웃 언니 오빠들
내 모습 보여주면 무어라 할까
정거장에 우리 엄마 마중 나오겠지
벗어난 직장생활 설날에 즐겁고
열차에 실린 몸 마음 설레인다

방랑의 인생

지나가는 하루해에
세월 섞인 줄 모르고
욕심의 것 꺼내느라
하루해를 괴롭혔다

하루해에 가는 인생
그 하루에 숨은 세월
담은 것 버려도
눈 안으로 들어오고

들리는 사람의 소리
움막 잠에도 들리나
담아도 버려도
그 세월의 것인데

홀로의 산길

허리 굽혀 오르고
돌 잡으며 오르고
나오는 바위 돌아
나뭇가지 잡는다
그리 높지 않아도
숨차게 오르는 산
새소리에 바라보면
눈 마주치고

쪼르르 물소리
아직 얼음 속이다
기슭에 휜 나무
뽑힌 뿌리에 쓰러지고
옆 고목 죽은 가지
비틀려 늘어졌다

디딘 돌에 겨우 정상에 오른 산
저 멀리 더 높은 산 바라보이고
큰 한숨에 내려 본 마을
옛집이 하나 없다

마부의 설

저녁 바람 쓸쓸히 나뭇가지 스치고
눈이라도 내릴 듯 잔뜩 찌푸렸다
옷깃에 스치는 바람만큼이나 쓸쓸한 그믐
말들과 하룻밤을 어떻게 지내나
그믐의 마구간 더욱 쓸쓸하다
고향 찾아 떠난 자리에 아무도 없는 마구간
분위기 조용하니 말들이 눈치 본다
겁 많은 말들 왜 이리 조용할까
어느 말은 긴장하여 진땀을 흘린다
분위기에 예민한 겁 많은 말들
시간에 조용하니 수상하다 생각한다
고향 찾아 떠난 홀로의 마구간
설이 무엇인지 말과 함께 쓸쓸하다

제2부

동심의 설

진짜 한 살 더 먹는 것인가

어릴 때에는 기다려지고

어른이 되어서는 마음이 무겁다

까치 울음에 묻어나는 새 아침

그때에는 한 살 더 얹진 것이

왜 그리도 좋았는지

머리 빗어 올려 어른 흉내 내고

턱에 수염 붙이며 어른처럼 보였는데

만남의 설

오랜만의 형제 이웃
삶이 만든 세월인 듯
욕심의 시간에
어쩔 수 없었나 보다

잘 지낸다는 형님이나
그저 그렇다는 아우나
실수의 한 마디에
그 시간이 엿보였고

아닌척해도 다 읽을 수 있었다
부끄러워할 것 없는데
솜사탕 입에 물고
그렇게 이야기해야 했는지

아니든 그렇든
건강해서 보기 좋고
안 그래도 핼쑥하니
병든 몸은 보기에 안 좋았다

떠난 고향 찾아와
서로 만나 나누는 옛이야기

세월은 모두 편안히만 두지 않았을 것인데
부끄러워 감추며 그 시간을 읽는다

분향소의 설

노란 리본 날리는
안산의 분향소
부는 바람만큼이나
광장 안팎 쓸쓸하고
손에 든 국화꽃에
어린 영혼을 싣는다

세월호에 몸 실은 지
300일이 넘은 날
어제 첫 설에 집은 찾아갔는지
분향소의 저녁노을
바람이 지우고
노란 리본 하나둘
어둠이 가린다

(2015.2.20)

고드름의 봄

처마 밑 고드름 떨어지는 날
깨어진 겨울 뜨락에 흩어지고
산 넘어온 봄바람
아이들 부른다

무엇을 들고 나갈까
아직 들고 나가기 이른 봄인데
곡간에 들어가면 바구니 걸려 있고
굴뚝 뒤 돌아가면 호미 걸려 있는데

마음으로 찾아온 봄
어느 곳으로 가야 하나
작년 봄 그 언덕배기
달래 냉이 돋아난다

나를 찾는 밤

알 수 없는 그리움에 가득 찬 밤
돌아본 것도 아닌데 앞이 비춰지고
앞을 바라본 것도 아닌데 옛날이 스쳐 간다
고향이 몇 개인가 살아남기 위해 찾았던 고향
밟히는 방초도 그 자리를 지키는데
그만도 못한 인생인가 몇 번을 옮겼나
추워도 더워도 비 맞으며 눈 맞고 옮겨야 했던 날
나 아는 이 찾는 이도 없었다
차라리 꽃으로 피어났다면 꺾이기라도 했을 것인데
그것도 아니고 먼 나라로 떠날 철새도 못 됐다
그저 텃새로 날만 새면 무엇을 찾아 여기저기 헤매었나
핏줄도 이웃도 외면하는 냉정한 삶
사랑도 한몫하여 외면하고 떠났다
산으로 바다로 휴식 찾아 떠나는 사람들
핑계에 먼발치에서 보는 마음이 어떻겠는가
그 시간에 생존을 위해 일과 싸워야 했던 나
짧은 시간의 추억도 잊은 시간의 그 날도
웃음 잃은 그 시간을 돌아보면 무엇 하나
세월이 덮어줘도 가슴에 남는 시간
아물린 상처에 새벽이 밝아온다

사랑의 봄

다시 찾아오는
잊혀진 기억들
봄바람에 실려 오고
꽃 속에 숨어온다

첫사랑은 언제나
봄바람에 실려 오나
추억에 아픈 기억
구름 따라 산 넘는다

겨울 끝자락

인생과 같은 계절
겨울은 그렇게 왔다 간다
바람 다르니 새벽녘 철새 울고
그 바람에 얼음 녹아내리니
죽어간 풀잎 사이로
새싹 돋아난다

서리 내린 보리밭에
못 떠나는 겨울
온 식구 밟아주면
미련을 버릴까
겨울바람에 섞이는 봄
울타리로 숨어온다

냉이의 양지

돌뿌뎀이에 숨었나
달래 캐는 언니
할머니가 부르고
막내 바구니에는
투정만 담겼다

무엇에 화가 났나
짜중의 막내
할머니에게 야단맞고
언니는 심부름에
잿물 사러 읍내 갔다

인생 이야기

꿈같은 세월
한 번 왔다 가는 것이
그리 힘 드는 것인가
웃음 끝에 맺힌 눈물
마를 새 없고
걷힌 안개에 내리는 비
가슴으로 흘러드는구나

눈으로 덮이던 날
품 안에 안던 아이
앙살하며 덤비고
저 혼자 자랐다
옷 털어대는 낮
꽃 피는 봄인가 싶어 내다보는 밖
꽃 그 꽃 다 어디 갔나

뜨거워 물 끼얹고 부채 들고 보니
수수목 고개 숙여 삭으락 세월 읽고
마음은 안 그런데 양지가 그립구나
둘러본 몸에 겹겹이 옷 걸쳐 있고
바람이 싫어 길모퉁이 돌아서니
어느새 찾아온 봄 양지에 그 꽃인가

머리에 앉은 서리 언제 녹을까

흐르는 강물에 마음 흘리고
가슴을 훑는 바람 이것이 인생인가
뜯어 문 풀잎에 무엇이 씹히나
그 꽃봉오리에 맺힌 이슬 아름답구나
이것이 인생이고 그것이 세월이라면
낙화의 이슬도 아름다웠나
눈 감고 귀 막으니 단몽이로구나

아가의 봄

점심나절 봄바람
아직은 차가운데
누더기에 흙 묻히고
사금파리 쥐어 든다

뜨락에서 노는 모습
보채지 않아 좋고
뜯어진 가랑이에
나온 것이 무엇인가

흘린 코 씻은 자리
씻은 코 늘어지고
훌쩍 들이마시니
다시 들어간다

비둘기의 언덕

보이는 저 들녘
산 한 고개 더 넘어야
가야 할 길인가
무거운 나뭇짐에
인생을 싣던 날
이 언덕의 비둘기
나와 함께 울었지

그 해 봄날인가
마지막 나뭇짐에
마음 굳히던 날
그 비둘기 숨어 숨어
얼마를 울었나
보이지 않아도
나와 함께 울었지

진달래의 그리움

기슭마다 피는 네 꽃

네 꽃 그리워 다시 찾았다

나 어릴 적 그 꿈

아직 간직하고 있겠지

네 꽃에 얼굴 묻던 날

꽃을 처음 알았고

봄이면 네 꽃 잊지 않으려

다시 이산 기슭 너를 찾는다

청춘 일기

흐르는 세월에
따라 흐른 청춘
거울 보면 남은 것이
하얀 서리뿐이겠는가
열 손가락 징검다리
아니 디뎌도 되련만
봄버들 바람 춤에
한 번 더 디뎌지고
한 모금 냉수에
부채 들고나니
찬바람에 메뚜기
함께 딛자 앞서 뛴다

구름의 봄

네 산 넘으며
무엇을 보았니
보리밭 지나
냇가의 아이들

울 밑 개나리
장독대에 매화꽃
그리고 넘는 산의
진달래도 보았겠지

한밤 두 밤 자고 나면
복숭아 살구꽃
또 한밤 자고 나면
보리 훑는 아이도 볼 것이고

파도의 봄

밀려와 돌아보면
아무도 없고
쓸려도 그 자리에
그리움만 남는다

누구의 이름이
휩쓸다 지워졌나
봄 바다에 남긴 사랑
백사장에 스며들고

모르는 이의 지난날
봄바람에 실려 간다

3월의 인연

3월은 인연의 달

입학의 인연으로 만나는 친구들

처음은 서먹 서먹 서로가 눈치 보고

며칠 후 지나면 마음 섞고 말 섞는다

사회 친구가 동창만이나 할까

울고 웃던 학창 시절

멀어진 교문에 더 보고 싶어지고

모임으로 만나면 늙어서도 어려진다

3월의 들녘

손마디의 보리 잠에서 깨어나고
양지마다 파란 새싹 달래 냉이 돋아난다
꽃봉오리 움 트이는 산자락 울 밑
병아리 어미 따라 나들이에 바쁘고
양지에 들어서면 어미 품에 잠이 든다
울 밑 따라 오르며 사금파리 줍는 아이
보리밭 언덕에 나물 캐는 이웃 언니
산자락에 들리는 소리 진달래 꺾는 아이들인가
논 가운데 우렁이 형제 봄 물살에 잠이 든다

키 쓰는 봄

김치 콩나물죽으로

허기의 밤을 보내야 했던 날

기억의 그 꿈

지금도 감춰진다

날마다 실례에

속상했던 어머니

키 씌워주며

심부름을 시킨다

밥상의 봄

가난의 밥상에
올려진 반찬들
있는 집은 있는 대로
맛으로 채우고
가난에 없는 집은
양으로 채웠나

빈 항아리의 장독대
가난의 서러움
엎어진 항아리마다
무엇을 가르쳤나

나물이 있어도 무쳐 먹을 양념 없고
보리밥에 짠지 국물
쉰내 나는 겨울 김치
간장 종지에 달래만 넣게 되나
점심 화롯불에 식어간 냉이 장
보리밥이 굳어 비벼지지 않는다

젖무덤

툇마루 양지에 봄볕 가득하고
흰 수건 두른 어머니
막냇동생 젖 먹인다
밥 찧어 먹여도 엄마 찾는 막냇동생
떼어놓을수록 더 칭얼대고
가는 곳마다 따라오며
젖 달라 보채댄다

눈치챈 어머니 걱정이 앞서는 뜰
열 올라 경기하면 어떻게 하나
기우는 해 지붕 넘어 그림자 남기고
저녁이 다가오니 밤이 두렵다
먼 의원 집에 닫히는 약방문
밤사이 더 보채면 어떻게 찾아가나
시간은 그마저도 빼앗아 버리고
아침나절 재롱이 하룻밤 새 떠났다

제3부

아지랑이의 사랑

둑 아래서 들리는 듯
휘파람 소리 같은데
나는 못 들어도
귀 쫑긋 검둥개
이리저리 둘러본다
따라온 검둥개
무슨 소리 들었나

냉이 몇 뿌리의 빈 바구니
옮겨 놓으면
검둥개 들어보라
바구니 굴리고
호미 자루 놓칠세라
진흙 찍어 올리니
빈 바구니 채워달라
달래 냉이 찾는다

달력 인생

세월이 빠르다며
기다려지는 월말
그렇게 기다리며
일 년이 간다
무엇이 들어 있어
보름 한 달을 기다려야 했나

오지 않았으면 하면서도
주말부터 기다려지는 달
근심의 두 마음
지난 일 년 돌아보고
모를 앞날 삶을 위해
인생 장부 정리한다

섬마을의 고독

철썩이는 파도는
변함이 없는데
봄바람에 마음 빼앗겨
갯바위 찾아간다

양지에 볕 쬐는
게 가족 나들이
떠밀려 말라붙은
파래 잎 나무 둥치

얼마쯤서 밀려왔나
부딪쳐 무뎌지고
차오르는 밀물에
돌 한 번 던져본다

고향의 보름

타향의 보름에
새겨진 고향
고향의 보름에는
놀이도 많았는데
구수한 음식
우리의 음식도 많았고

설 명절에 숨겨놓은
엿 뻥튀기 버무리 가래떡
엿 깨다 흩어지면 어떻게 했나
소쿠리의 땅콩은 누가 더 많이 차지했고
광 속에 체 거둬 마루에 놓은 밤
다듬잇방망이로 호두 깨 먹고

밥상 위 갖가지 나물에 나박김치
보름 전날 해 넘으면 밥 한 그릇 솥에 넣어두고
어른들 윷놀이에 훈수 두는 소리
점심나절 들려오는 줄다리기의 징소리
해 넘은 밤 아이들은 무엇을 했나
다리 위 어른들 달 보며 소원을 비는 밤
기억의 주정뱅이 아저씨 지금도 술 달라 하시는지……

봄의 찬가

깨어난 생명들아

바람 소리는 들었는지

들리는 새소리에

물소리 즐겁구나

양지에 핀 너의 꽃

네 꽃 이름은 무엇이냐

해질 녘 바람 불면

낙화 될 것인데

보름 그 후

반달 기다림에 차오른 보름달
보름달 안 내 마음은 그렇게 비춰졌다
놀이에 즐겁고 옛 생각 아련히
추억도 스쳐 갔다
그 후 사나흘에 일그러진 달
은빛 보다 붉음으로 기울고
달 안의 옥토끼는 그대로인데
계수나무가지 하나 달 밖으로 지워졌다
동산 위에 뜬 달 떴다 하기보다
올랐다 할까 나뭇가지에 올려보고
다시 내려 위로 올려보는 달
저 달을 몇 번이나 올려 볼 수 있을까
날 흐려 못 보고 시간 놓쳐 못 보고
이리저리 빼고 나면 얼마 안 되는데
올려본 달 안에 앞날만 가득하다
몇 번을 얼마나 더 볼 수 있을지
더 보고 싶어도 세월이 모자란다

봄 생각

소리에 귀 기우려 찾아보는 봄
새소리 다음으로 봄의 소리가 있을까
소식은 있어도 소리가 없다
불어오는 바람도 그 바람이 아니고
찾은 양지도 옛날과 다르다
입은 옷에 느낌의 기후도 그렇고
문명에 덮인 추억의 봄
그 기억 더듬어 옛날을 찾는다
들녘 아지랑이에 봄 향기 가득했던 봄
추워도 돌담 모퉁이 양지에
소꿉놀이로 바빴던 아이들의 봄
그 붉게 피었던 앞산 진달래도
기억 저편에 피어 있다

잊을 수 없는 봄

잊을 수 없는 사랑아

지금도 남은 기억

찾을 수 있는지

보리밭 푸르고

찔레꽃 하얗던 날

우리 둘이 무어라 했지

추억이라 하기보다

그 아까웠던 시간들

차라리 꿈이라면

지우고 싶구나

간통(姦通)

피는 꽃에 앉은 벌 나비
머무를 수 있어도
지는 꽃에 앉은 벌 나비는
머무를 수 없다

하룻밤 새 시들어
떠나는 벌 나비
어제의 그 향기
기억하고 있는지

앉힐 수도 없고
앉을 수도 없는 꽃
봉오리 적 벌 나비
찾을 수 있는지

외로운 술잔

어느 것이 세월이고
무엇이 인생이냐
백 년의 꿈도 아닌데
왜 이리 괴로운지

비워 줄 때 기다리는
술병의 마음인가
채워 줄 때 바라는
빈 잔의 욕심인가

국밥집 천장
거미줄에 걸친 인생
따르는 술잔에
사연을 섞는다

외갓집의 봄

할머니도 보고 싶고
아이들도 보고 싶고
우리 할머니 잘 계시는지
울 밑 개나리 곱게 피었겠지
할머니가 끓여주던
그 된장찌개가 먹고 싶었는데

산으로 들로
외갓집의 봄
진달래꽃 한 아름에
찔레 꺾어 나누었고
공책 찢어 받은 주소
부친 편지는 잘 들어갔는지

주막집의 봄

건넛마을 호롱불
부엉이 따라 가버리고
고목에 스친 바람
수수깡 울타리에 스며든다

아직은 겨울인 듯
서릿발 내려앉고
뜨락에 냉이 풀
때 찾는 주막

며칠 후 청명 일에
개나리 피어나면
술심부름 아이들
주전자 들고 몰리겠지

아가의 바다

우리 엄마는

누룽지 긁어

가마솥에 넣어두고

잠자는 나 몰래

바닷가에 나가셨다

기름집

잠시 들린 재래시장

기름집 지나는 길

멈춰선 발걸음

그 시절 떠올린다

참기름 들기름 고소한 냄새

스텐시루에 올라오는

흙 부뚜막에 서리던 김

옆에 쌓은 깻묵도 한몫을 한다

어느 봄날

무심코 오른 산
내려 보이는 저것이
다 무엇인가

욕심의 앙금이라면
내 것은 어디에 있고

화사한 봄 정상에 오르니
바람 쓸쓸히
옷깃에 스며든다

봄 방아

할머니네 마당에 보릿고개 아이들
머슴 아저씨 벼 가마에 넋이 나간다

무릇 캐러 뒷산에 오를까
마차 타고 방앗간 따라갈까

머슴 아저씨가 부른 아이
마차에 실려 방앗간 따라간다

봄꽃

물들인 붉은 산

저렇게 빨갛도록

물들은 산 보았소

아낙네 입술에

붉게 바른 것처럼

보릿고개의 밤

배 아프다 우는 나

까만 숭늉이 약이었나

어머니는 밥 태워

그 물을 먹여주며

어서 빨리 내려가라

밤새워 쓸어내려 주셨다

꿈속 인생

인생은 가난한 것
외롭고 슬픈 것

보이지 않는 길 따라
그곳으로 가는 것

웃어도 가야 하고
울어도 가야 하는 것

쥐고 든 것 내려놓고
홀로 가야 하는 것

고독의 밤

나는 누구일까
이 몸이 누구인지
알지 못하면서
뜨는 해 바라보며
무엇을 넣었나요
하루도 아니고
그 하루의 밤도
아니었어요
기억에 있는 것은
내가 누구인지
잘 알고 있겠지요
무엇을 위해
여기에 와 있는지도
잘 알고 있고요
홀로 걷는 외로움
세상은 추워 입은 옷을
그대로 두지 않았지요
벗겨 놓았다
다시 입혀 놓고요
흔들리지 않으려
눈물로 막은 바람
세월에 흔들려

석양에 얹어지고
가라앉히려는 노을은
무엇을 하려 하는지요
내일을 다시 불러
그 바람 몰고 오지 않을까요

제4부

담쟁이의 봄

지나는 마을
돋아나는 새싹들
봄은 아직
이른 것 같은데
무너진 돌담 아래
기왓장 널려 있고

뒹구는 돌 양지에
담쟁이 별 쬔다
몇 가닥의 담쟁이
얼마를 뻗을까
잡초에 묻히면
그만일 것인데

아낙의 봄

손마디의 저 보리가
언제 크게 자랄까
밭둑으로 뛰는 아이들은
무엇이 저리 즐겁고
진달래 꺾으러
산으로 가는 것 같은데

밭 귀퉁이 저 아이는 뉘 집 딸인가
댕기 머리로 보아서는
열대여섯 살 되는 것 같은데
한 자리에 오랫동안
바구니 못 옮기고
뭐 저리 고상을 떨고 있는지

들려오는 휘파람 소리
나 들으라 하는 것 아니겠지
봄바람에 실려 오는 휘파람 소리
누가 숨어 저리 불어대나
나 들으라 하는 건가
저 계집아이 들으라 하는 걸까

앞산의 봄

앞산에 묻은 꿈
몸도 묻힐 것인가
보리밭 건너
산자락의 진달래
평생을 보았어도
새롭게만 보이는지

봄나물에 솔가리
저 산을 오르며
무엇을 얻었나
석양이질 무렵
바람아 불지 마라
가냘픈 잎 떨어지면……

어부바의 봄

엄마 업고 나가자
네 불편함을 모르겠구나
암죽도 먹었는데
엄마가 잘못 했어
엄마하고 병아리 보러 가자

울 밑에 가면
어미 닭에 병아리 있고
개나리도 많이 피었어
뒤 샛대문 밖
미나리 돋아났고

까말 개미도 볼 수 있어
돋아난 새싹에
노란 민들레
우리 아가 잠들면
민들레 꿈 심어 줄게

보리밭의 달

달빛 어스라니

소쩍새 우는 밤

찔레꽃 그리움

은하수 길 걷는다

목련꽃의 일기

네 자란 우물 둥치
너는 나와 함께
할머니 손에 자랐었지
나뭇잎 떨어진다
가지 잃고 자란 너
그때 네 커다란 꽃
탐스러웠는데

우물 안에 비춰진
네 모습 보면
일그러진 꽃으로
물살에 어리고
두레박 줄 올리면
떨어진 너의 몇 잎이
그리 귀찮았었는지

이제 그 커다랗던 너의 꽃도
세월을 아는지
작은 송이에 뻗은 가지 늙고
담 넘어 지나는 이
몇 번을 보았을까
낙화에 멍든 잎

머리에 뿌리겠지

취업의 봄

200만 이웃에게 밥그릇 내주고
빈 밥그릇 차지하며 우리는 뭐 했나
역사의 보릿고개 그것이 옛말인가
서당마다 벌어진 기왓장에 비 새고
보릿짚 갓 쓴 벼루 붓 든 우리들
서당에 다녔다 그 밥그릇 채워졌나
채워야 할 밥그릇에 밥 없어 못 퍼 담고
여기저기 구걸하니 무엇이 담기던가
손놀림에 호미 삽 흙 묻히기 싫은 우리
먹물 묻혔다 누가 얼마를 더 찾던가
그 많은 기술 갓 썼다 못 찾고
베짱이 세월에 힘들어 안 하고
세월이 몰아가는 몇 해의 서당 길
뜨거운 대장간 밤낮이 모자란다

개나리의 꿈

우리 아가 아장아장
울 밑에 가면
소꿉놀이 사금파리에
개나리 꿈 담기고

모여든 어미 닭
엄마가 부르나
꼬 꼬꼬 꼬
모이 꿈 담는다

바구니 들고 어디로 가나
언니 바구니에
냉이 꿈만 담길까
앞산 진달래 언니 꿈 기다린다

뒷동산의 봄

내려 보이는 보리밭
무릎 크기로는 아직 멀고
손에든 나뭇가지
앉은자리 젓는다

보릿고개 냇가에
고기 잡는 아이들
춤추는 버드나무의
그 세월을 아는지

봄바람 송기에
물 올리는 저녁나절
기울고 넘는 해
인생을 가르친다

봄 이야기

봄바람에 실려 오는
크고 작은 소문들
보리밭 길 작은 소문
빨래터의 큰 소문
그날 밤에 울었다는
소쩍새 소문

호미 자루 놓쳤다
누구의 지게 보았다
위 아랫마을에
여기저기 소곤소곤
누구의 소문일까
우리 언니 엿듣는다

봄 서녘

하루를 쓸어

서산에 지는 해

누구의 하루를

얼마나 모았나

철부지 인생

한 번 왔다 가는 것이
어디 인생뿐이겠는가
다시는 못 돌아올
하루에 업힌 세월
그것도 반쪽은
어둠으로 가렸으니
철부지 능수버들이
봄바람 탓하던가

피고 지는 꽃 보며
배우지 못하고
채워가는 초승달 보며
알아듣지 못하는 인생
보름 전 초승달이
무엇을 가르쳤나
흐르는 물소리
귀 닫아도 들린다

작은 꽃

돌아서는 산모퉁이에
네 피어난 작은 꽃
흘러내린 흙더미에
어떻게 살았나
뿌리 드러날까
근심으로 피어난 꽃
비 오면 덮여질까
아니면 드러날까

봄날의 너의 꽃
이름이 무엇인지
쌀 몇 톨 뿌린 듯
다음이 있을까
먹구름 몰려오면
어떻게 하나

보리밭의 일기

아련히 떠오르는
고향의 봄
그 푸른 보리 잎새
바람에 나부낀다

입에 문 풀 잎새
먼 훗날을 기약했나
언덕 위 그리움
가슴에 묻히던 날

논길로 이고 가는
점심참에 배고팠고
어미 소 부르는
송아지 울음에 외로웠다

목련꽃의 순정

네 두른 털옷
누구의 선물일까
비출 듯 속옷은
누구의 선물이고

네 모습 보기 위해
벗겨 보고 싶어라

볼수록 보고 싶은
너의 꽃 그 목련
속옷 벗는 날이
오늘 밤은 아니겠지

아버지의 봄

둘러보는 들꿩 우는 소리
파란 보리밭 서늘하니 나부낀다
때 찾는 꿩 짝 찾느라 울어대나
보리밭 귀퉁이 방초 꽃 피어나고
보리 내음 바람에 가슴 깊이 스며든다
이렇게 몇 년인가 몇 해의 세월인가
그 나이 머슴 적부터 못 떠난 들녘
도시로 간 아이들이 알기나 할까
주인아주머니 성화에 둥지 틀어 낳은 아이들
몇 날 몇 년에 한세월 다 가고
부족함에 키운 아이 어느덧 커 자식을 가졌으니
나의 세월은 어디에 가 찾는단 말인가
봄이면 논 언저리 찔레꽃에 꿈 묻고
여름날 뙤약볕에 내일을 기약했던 인생인데
가을날 얻은 쌀가마니가 오늘이었나
논 언저리 그 찔레꽃 내 마음을 알고 있는지
저 들녘 더 퍼레지면 또 한세월 가고
앞산 뻐꾹새 논 가운데 뜸 북새 울면
이 인생 마음의 고향 다시 찾을 것인데……

고독의 섬

이 작은 섬 누가

다녀간 이 있었나요

보이는 하늘에 끝닿은 수평선

들려오는 파도 소리 변함이 없어요

그저 하루 지는 해에

날마다 날마다 외로운 작은 섬

누구인가 먼 곳에서 바라보는 섬 이것만

여름날 해당화 꽃 봄날이 되어도 흔적이 없어요

민들레꽃의 기억

양지의 담 밑에서 무엇을 캐나
냉이도 아니고 씀바귀도 아닌데
살며시 뒤로 가 들여다보면
사금파리 쥐고 돋은 풀 뜯는다
단발머리에 참빗 얹어
석회 이 잡던 아이
나 코 흘린다 포대종이 주던 아이

민들레꽃 잎 뜯어 머리에 뿌리면
싫다 짜증 내며 털어대던 아이
거지 옷 입었다 거지라고 놀려대면
나에게 흙 뿌리며 그 설게 울던 아이
내 옷에 묻은 흙 언제 털어질까
단발머리에 노란 꽃잎 다 털어 냈는지
기억의 양지에 민들레꽃 피어난다

그 산골의 봄

스쳐 가는 운명인 듯
냇가에서 바라보는 앞 뒷산의 하늘에
산 넘는 구름 따라 이 운명도 흐른다
기슭마다 돋은 움 언제 덮어 줄까
굴 싸리 몇 가지에 파란 잎 돋아나고
붉게 물든 진달래 자락
산그늘에 지워진다

저 산 우거지면 보이는 그 하늘
넓은 곳 모르고 하늘만 바라보나
그렇게 한평생을 바라보는 하늘
누구의 메아리가 나를 부를까
귀 기우려 들어도 들리지 않고
봄 흔적 지우는 석양의 봄바람
언덕배기 찔레꽃 또 한세월 잃는다

찔레꽃 고향

네 꽃잎이 언제 떨어질까
순 한 줌에 가시에 찔리던 날
너의 모습 못 보고 미워만 했었지
개울 언덕배기의 네 하얀 찔레꽃

그해 그다음 해에
그리움으로 다가오던 날
누구의 모습이 너의 모습일까
네 꽃에 숨어 미소 짓고 있었지

이제 모두 떨어진 새하얀 너의 꽃
추억 따라 가버린 영상 속의 너의 꽃
그 모습 그리워 찔린 손 움켜잡고
네 모습 보려 그곳을 찾아간다

이 도서의 국립중앙도서관 출판예정도서목록(CIP)은 서지정보유통지원시스템
홈페이지(http://seoji.nl.go.kr)와 국가자료공동목록시스템(http://www.nl.go.kr/kolisnet)에서
이용하실 수 있습니다. (CIP제어번호 : CIP2017005735)

노을의
슬픈 기억

초판 1쇄 발행 2017년 3월 27일

지은이 이원문 **펴낸이** 임정일
책임 임병천 **편집** 김지해, 김수경 **디자인** 이동헌

펴낸곳 책나무출판사
출판신고 2004년 4월 22일(제318-00034)

주소 서울시 영등포구 신길3동 325-70 3F
전화 02-338-1228 **팩스** 0505-866-8254
홈페이지 www.booktree.info

ISBN 978-89-6339-518-0 03810